웅진 주니어

몬스터과학 ❶ 공주의 뇌를 흔들어라

초판 1쇄 발행 2012년 12월 10일 | 초판 22쇄 발행 2022년 10월 31일
글쓴이 김성화 · 권수진 | 그린이 나오미양

발행인 이재진 | 도서개발실장 안경숙 | 책임편집 전소현 | 편집 공상희 | 디자인 하늘 · 민 | 마케팅 정지운, 김미정, 신희용, 박현아, 박소현
제작 신홍섭 | 펴낸곳 (주)웅진씽크빅 | 주소 경기도 파주시 회동길 20 (우)10881
문의전화 031)956-7403(편집), 02)3670-1191, 031)956-7065, 7069(마케팅)
홈페이지 www.wjjunior.co.kr | 블로그 wj_junior.blog.me | 페이스북 facebook.com/wjbook | 트위터 @wjbooks
인스타그램 @woongjin_junior | 출판신고 1980년 3월 29일 제406-2007-00046호 | 제조국 대한민국

ⓒ 김성화, 권수진, 나오미양 2012
ISBN 978-89-01-15248-6 74400 · ISBN 978-89-01-15247-9(세트)

웅진주니어는 ㈜웅진씽크빅의 유아 · 아동 · 청소년 도서 브랜드입니다.
이 책은 저작권법에 따라 보호를 받는 저작물이므로 무단 전재와 무단 복제를 금지하며, 이 책 내용의 전부 또는 일부를 이용하려면 반드시 저작권자와 (주)웅진씽크빅의 서면동의를 받아야 합니다.
이 도서의 국립중앙도서관 출판예정도서목록(CIP)은 서지정보유통지원시스템(http://seoji.nl.go.kr)과 국가자료종합목록시스템(http://www.nl.go.kr/kolisnet)에서 이용하실 수 있습니다. (CIP: 2012005434)

잘못 만들어진 책은 바꾸어 드립니다.
주의 1. 책 모서리가 날카로워 다칠 수 있으니 사람을 향해 던지거나 떨어뜨리지 마십시오. 2. 보관 시 직사광선이나 습기 찬 곳은 피해 주십시오.
웅진주니어는 환경을 위해 콩기름 잉크를 사용합니다.

1
공주의 뇌를 흔들어라

글 김성화 · 권수진 | 그림 나오미양

웅진주니어

이 세상 어딘가에, 우주 어딘가에 몬스터 마을이 있어요.
그곳이 어디라고 꼭 짚어 말할 수는 없어요.
화산 속일지도 모르고, 오래된 나무 속, 블랙홀 언저리일지도 몰라요.
어쩌면 생각보다 훨씬 더 가까운 곳에 있을지도 모르고요.
몬스터만 아는 비밀이에요.
어느 날 여러분에게 지저분하거나 똑똑하거나
우울한 몬스터 한 마리가 찾아와도 놀라지 마세요.
그건 몬스터에 대한 예의가 아니니까요.

 차례

장미는 왜 뇌가 없을까? …… 14
뇌는 왜 머리에 있을까? …… 18

해파리에서 돼지까지 울라당 뇌의 비밀

뇌가 생겨난 이야기 …… 26
뇌간이 생겼어 …… 32
뇌가 커졌어 …… 34
젖먹이동물은 뇌가 커! …… 40
뇌 속에 숨은 놀라운 녀석들 …… 42

공주의 뇌

머리뼈가 투명하다면 뇌가 이렇게 보일 거야! …… 48
눈이 보는 게 아냐, 뇌가 보는 거야! …… 62
생각을 잘하게 해 주는 뇌 …… 66

공주는 오늘도 아주 늦게 잠자리에서 일어났어요.
게으른 공주가 눈을 떴을 때 침대 발치에 무언가가 앉아 있었어요.
팔과 다리는 고무줄처럼 출렁거리고, 눈은 공처럼
툭 튀어나오고 얼굴은 커다란 게, 양파 같기도 하고
감자 같기도 하고 호박 같기도 했어요.
머리는 꼭 사자 갈기 같았고요.

공주가 깜짝 놀라 비명을 지르자
그 양파 감자 호박 같은 것이 말했어요.

안녕!

넌 뭐야?
언제부터 거기 있었어?

지금부터!

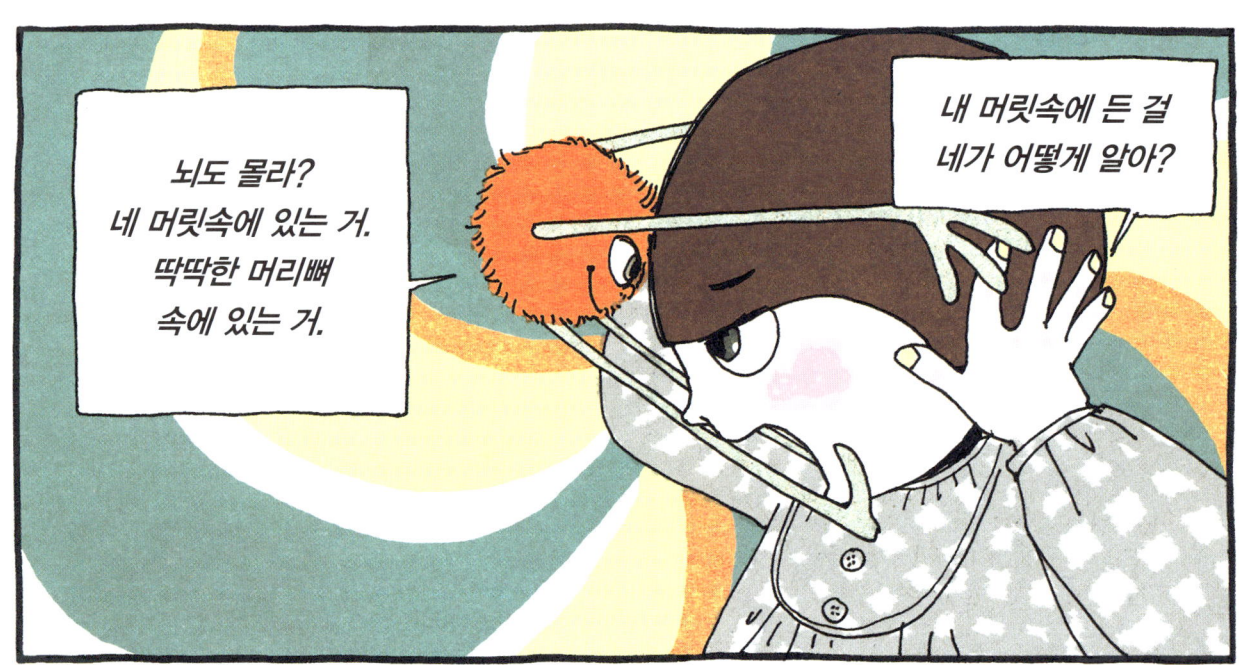

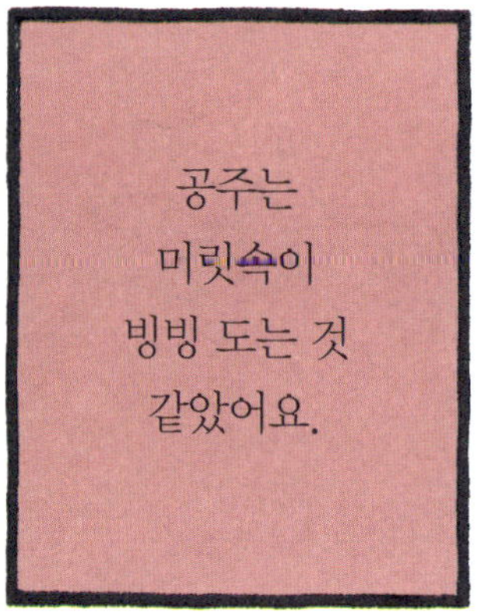

공주는 괴상한 몬스터가 나타나 괴상한 소리를 해서 웃겼어요.
장미는 뇌가 필요 없다니! 그런 말은 처음 들어 보았어요.

장미는 왜 뇌가 없을까?

장미는 뇌가 없어.
돌멩이도 베개도 뇌가 없어.
무지개도 밀가루 반죽도 뇌가 없지.
살아서 꿈틀꿈틀하는 것만이
뇌가 있다고.

뇌는 보고, 듣고, 만지고, 냄새 맡고, 후루룩 쩝쩝 먹고,
마시고, 돌아다니고, 숨고, 도망가고, 잠자고, 싸우고,
놀고, 사냥할 때 필요해.
장미는 뇌가 있어야 할 필요가 없어.
장미는 그런 거 하나도 안 하거든.
만약에 장미가 벌떡 일어나 걸어 다닌다고 해 봐.
그럼 장미도 뇌가 필요할 거야.
장미처럼 움직이지 않는 건 뇌가 필요 없어.

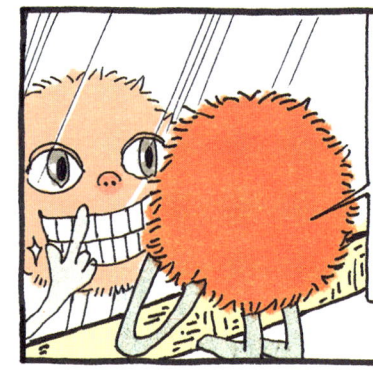

뇌는 왜 머리에 있을까?

네가 좀 더 멍청하거나 똑똑하다면 이런 상상도 해 볼 텐데. 뇌가 왜 발도 아니고, 엉덩이도 아니고, 머리에 있을까?

푸하하하! 뇌가 엉덩이에 있다니 말도 안 돼.

그래, 뇌는 엉덩이에 없고 머리에 있지!

동물들은 대부분 맨 앞쪽, 맨 위쪽에 머리가 있어.
사자, 곰, 거북, 고양이, 생쥐, 달팽이, 지렁이,
개미, 물고기…… 모두 그래.
동물들은 먹이를 찾고 움직일 때 대부분 앞으로 움직이지.
겁을 먹고 뒤로 움찔할 때만 빼고 말이야.
동물들은 앞으로 움직이기가 훨씬 쉬워.

눈과 귀, 코와 입이 몸의 앞쪽에 있고 이런 것들은 모두 머리 가까이에 모여 있어.

생각해 봐.
눈이 엉덩이에 있다면 잘 볼 수 있겠어?
코가 발가락에 있다면 멀리서 오는
냄새를 잘 맡을 수 있겠어?
뇌는 보고 듣고 냄새 맡기
제일 좋은 자리에 있는 게 훨씬 좋아!

그래서 머리에 뇌가 있는 거야!
잘 보고, 냄새 잘 맡고, 잘 듣고
재빨리 판단해서 온몸에
명령을 내려야 하거든.

저기 먹을 게 있다.
빨리 앞으로!

킁킁, 수상한 냄새다.
얼른 피하자!

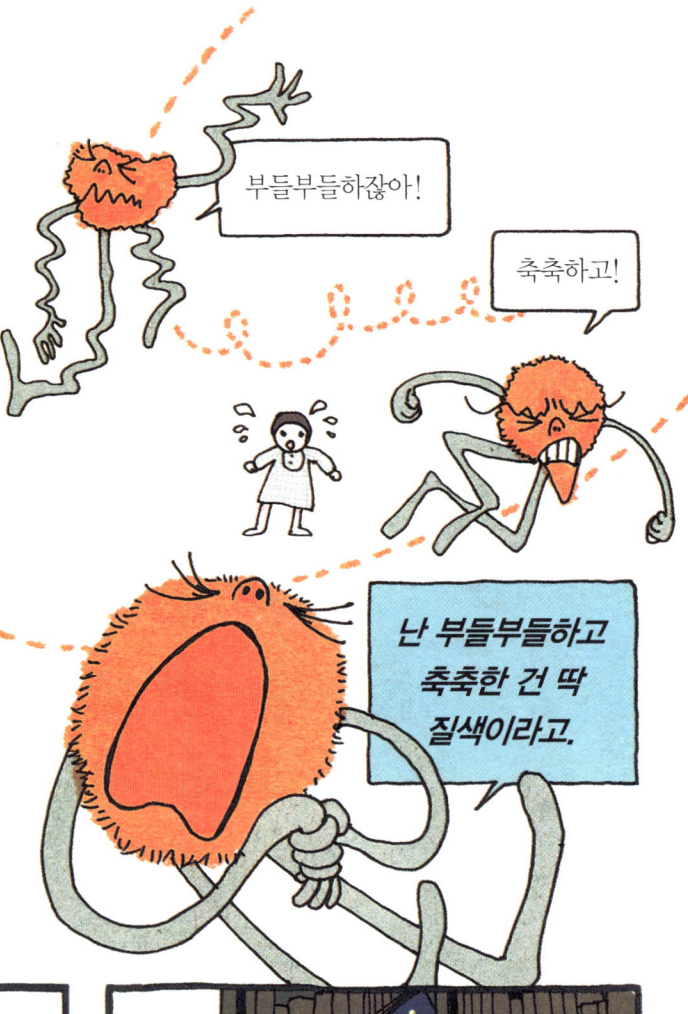

공주는 선반에서 그림책 한 권을 꺼내
귀퉁이를 조금 잘라 주었어요.

퉤퉤퉤!
맛있기는 한데
너무 질겨.

뭐? 질기다고?
그럼 더 좋은 게
있어.

공주는 아빠 방에서 신문을 가져와 몬스터에게 주었어요.
몬스터는 신문지 한 장을 야금야금 다 먹어 치웠어요.

음, 좋아 좋아.

연하고 부드럽고,
톡 쏘는 고약한 잉크 냄새까지!!

우적우적

바로
이 맛이야!

뇌가 생겨난 이야기

옛날옛날에 동물들은 뇌가 없었어. 뇌는커녕 머리도 없었어.

머리가 없다고?

그렇다니까!

옛날옛날 원숭이도, 생쥐도, 새도, 공룡도, 개구리도, 고래도, 물고기도, 개미도 이 세상에 없었을 때.
"그럼 뭐가 있었는데?"
아주아주 작은 동물들!
팔, 다리, 눈, 코, 심장, 핏줄, 머리도 없고 눈에도 안 보이는 작은 벌레들만 살았어.

나는 진짜 뇌가 요기 있다!

나도!

나도!

오징어도 지렁이도 머리가 있고, 머릿속에 뇌가 들어 있어.
달팽이도 뇌가 있어!
달팽이한테 뇌가 없다면 건드려도 꼼짝도 하지 않을 거야.
돌멩이나 나뭇가지처럼 말이야.

나도 뇌가 있어! | 앗! 위험 | 빨리 숨자! | 빨리! | 빨리!

하지만 달팽이는 뇌가 작아서 할 수 있는 게 별로 없어.
빛, 소리, 냄새, 맛, 촉감 같은 것을 느끼고
다가가거나 움츠러들거나 하는 것밖에는 할 줄 몰라.
하긴 그런 것만 하려고 해도 뇌가 엄청나게 바쁠 거야.

뇌간이 생겼어

상어부터 동물들은 뇌라고 부를 만한 진짜 뇌가 생겼어.
그게 바로 뇌간이야!
뇌간은 엄청나게 중요해.
음식을 먹고, 물을 마시고, 소화하고, 똥을 누고,
잠을 자는 것도 모두 뇌간이 시키는 일이야.
상어부터 모든 동물은 뇌간이 있어.
파충류는 상어보다 뇌간이 훨씬 커.

뇌간은 '파충류의 뇌'라고 불리지.

뇌간의 왕자는 바로 나, **파충류지!**

나도 뇌간이 있거든.

내 뇌간도 쓸 만하다고~

젖먹이동물과 사람도 뇌간이 있어.
뇌간은 뇌 가장 아래쪽에 있고 몸통과 뇌를 연결해 줘.
갑자기 재채기나 기침이 나오게 하는 것도 뇌간이야.
음식물을 삼키다가 숨구멍이 막히면 큰일 나는데,
뇌가 생각하고 명령을 내릴 시간이 어딨어?
뇌간이 바로바로 알아서 처리해.
잠잘 때도 심장이 뛰고 숨을 쉴 수 있는 것도
뇌간 덕분이야.

잊지 마!
뇌가 다쳐서 생각을 못 하게
되어도 살 수 있지만
뇌간이 다치면 생명이 위험해!

뇌가 커졌어

해파리, 오징어, 지렁이, 모기, 상어, 파충류……. 동물들은 뇌가 점점 커졌어. 몸집도 커지고, 생김새도 복잡해지고, 할 수 있는 일도 점점 더 많아졌어.

지렁이의 뇌보다 금붕어의 뇌가 더 크고,

금붕어보다 악어 뇌가 더 크고,

어떤 동물은 자기 몸집에 어울리지 않게 뇌가 커져 버렸지.
"몸집보다 뇌가 더 커질 수도 있어?"
아니, 그게 아니야.
자기 몸집에 비해 뇌가 차지하는 부분이
다른 동물보다 훨씬 더 커졌다는 말이야.
공룡은 어마어마하게 크지만 자기 몸집에
비하면 뇌가 그렇게 크다고 할 수 없어.
하지만 조그만 생쥐는 공룡과는
비교도 할 수 없을 만큼 뇌가 커졌어!
생쥐는 자기 몸무게의 10분의 1이 뇌야.

애개개, 공룡씨!
그 덩치에 뇌 크기가 겨우
그거예요? 덩칫값 좀하세용~

악어보다
공룡의 뇌가 더 크지!
자기 몸집에 맞게
뇌도 커지는 거야.

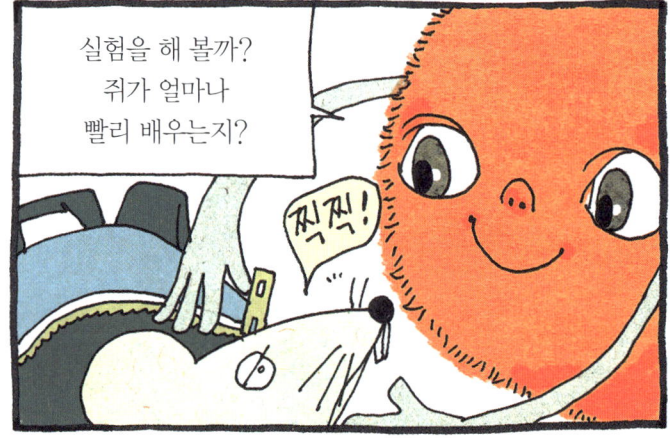

몬스터는 먹고 남은 치즈를 철망 끝에 넣었어요.
생쥐가 쪼르르 달려가 치즈를 갉아먹었어요.

몬스터는 철망 끝에 치즈를 놓고, 그 앞에 두꺼운 유리벽을 끼웠어요.

몬스터는 철망 속에 다시 치즈를 놓고, 유리벽을 치웠어요.

생쥐는 쪼르르 달려가더니

맛있는 치즈를 눈앞에 두고도 코만 벌렁벌렁했어요.

봤지?
생쥐는 아까 유리벽에 머리를 꽝 부딪혔던 걸 기억하고 있는 거라고! 지렁이라면 머리를 또 부딪혔을걸.

그렇지 않아! 지렁이는 그런 걸 공부할 필요가 없어. 지렁이가 사는 흙 속에 유리벽 따윈 없으니까. 지렁이는 지렁이한테 딱 필요한 만큼만 뇌가 있으면 되거든.

지렁이 바보~

젖먹이동물은 뇌가 커!

생쥐, 너구리, 돼지, 소, 말, 고래, 원숭이, 사람은 뇌가 커.
뇌 앞부분이 점점 더 커졌거든. 뇌의 모양도 변했어.
기다란 뼈다귀 모양에서 둥그런 양배추 모양으로!
양배추처럼 쪼글쪼글 주름도 생겼어.
젖먹이동물의 뇌는 대부분 주름이 있어.
뇌가 점점 커져서 뇌를 신문지처럼 뭉쳐서 구겨 넣은 거지.
아주 똑똑한 전략이지 뭐야.
구깃구깃 구불텅구불텅. 이렇게 뇌를 구겨서 넣으면
자리를 적게 차지하고도 큰 뇌가 될 수 있어.

젖먹이동물이란
알이 아니라 새끼를 낳고
엄마가 젖을 먹여서 오랫동안
키우는 동물들을 말해.

오른쪽으로 늘이고~ 왼쪽으로 늘이고~

껍질이 쭈글쭈글 주름을
만들면서 뇌 안쪽으로 구겨져
들어가 있는데, 뇌를 덮고
있다고 '피질'이라고 불러.

피질

뇌 속에 숨은 놀라운 녀석들

뇌 안쪽에는 편도, 해마, 후각구…….
이름도 괴상한 여러 가지 뇌 부품들이
들어 있어. 동물들의 기분과 기억을
담당하는 곳이야. 물고기, 파충류와 달리
젖먹이동물의 뇌에서 발달했다고
'젖먹이동물의 뇌'라고도 해.

뇌 안쪽에 있는 것

후각구
수천 가지 냄새를 알아채고 더러운 물, 썩은 고기같이 피해야 할 냄새를 경고해 줘.

편도
해마 옆에 작은 혹처럼 붙어 있어. 공포를 일으키는 곳이야.

해마
바다에 사는 해마처럼 생겼다고 해마라고 불러.

편도는 동물들의 기분 센터야.
생쥐는 고양이가 주변에 있기만 해도 공포를 느끼고,
고양이는 따뜻하고 편안한 곳에 있으면 기분 좋게 가르릉거리지.
돼지가 진흙탕을 뒹굴며 즐거워하고
네가 화가 나고 슬프거나 기쁘거나 기분이 나쁘다고 느끼는 것은
모두 뇌 깊숙한 곳에 편도가 있기 때문이야.

해마는 새로운 것을 기억해야 할 때 꼭 필요해.
해마를 다치면 기억을 못 해.
해마가 없다면 너는 나를 만날 때마다 이럴걸.

야, 너 뭐야.
언제부터 거기 있었어?
잠자리채로 잡아 버린다.

다음 날도

야, 너 뭐야.
언제부터 거기 있었어?
잠자리채로 잡아 버린다.

또, 그다음 날도

야, 너 뭐야.
언제부터 거기 있었어?
잠자리채로 잡아 버린다.

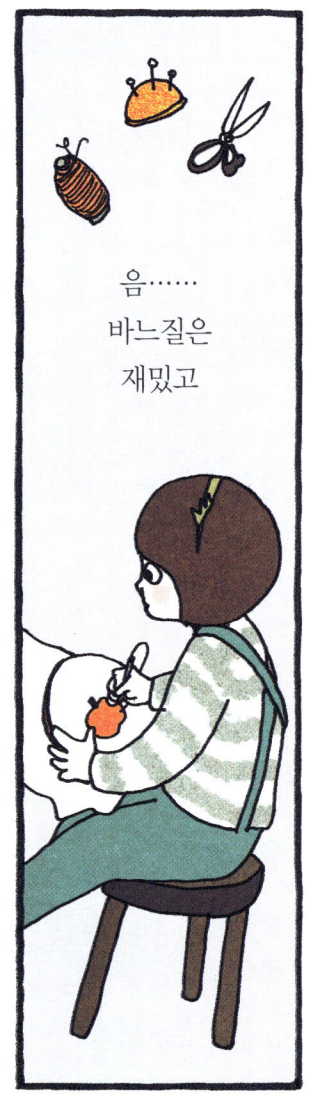

돼지는 100살이 돼도
1 더하기 1도 할 줄 모르겠지만
너는 9 곱하기 100도 할 줄 알게 될 거야.
사람은 금방 배울 수 있거든.

머리뼈가 투명하다면 뇌가 이렇게 보일 거야!

너의 뇌가 하는 일을 모두 알면 깜짝 놀랄걸.
네가 먹고, 놀고, 잠자고, 숨 쉬고,
공부하고, 상상하고, 슬퍼하고, 웃고,
심심해하고, 눈물 흘리고,
침을 삼키고, 재채기를 하고, 하품하고,
줄넘기를 하고, 자전거를 타고,
노래 부르고, 그림 그리고, 이야기하고…….

그 모든 것과 그 밖의
모든 것을 할 수 있는 게
다 이 조그만 뇌 때문이야!

뇌는 대부분이 물로 되어 있어.
흐물흐물 물렁물렁, 그래서 뇌 보관함이 꼭 필요해.
뇌가 터져 버리거나 뭉그러지지 않도록
딱딱한 머리뼈 속에 잘 넣어 두어야 하지.
머리뼈는 몸에 있는 뼈 중에서 제일 단단하고 튼튼해.
그래도 자전거를 탈 때나 스케이트를 탈 때는 안전모를 써야 해.
인간의 머리뼈는 자전거를 타다가 머리가 깨질 거라고
상상도 못 한 까마득한 옛날에 진화한 거라서 말이야.

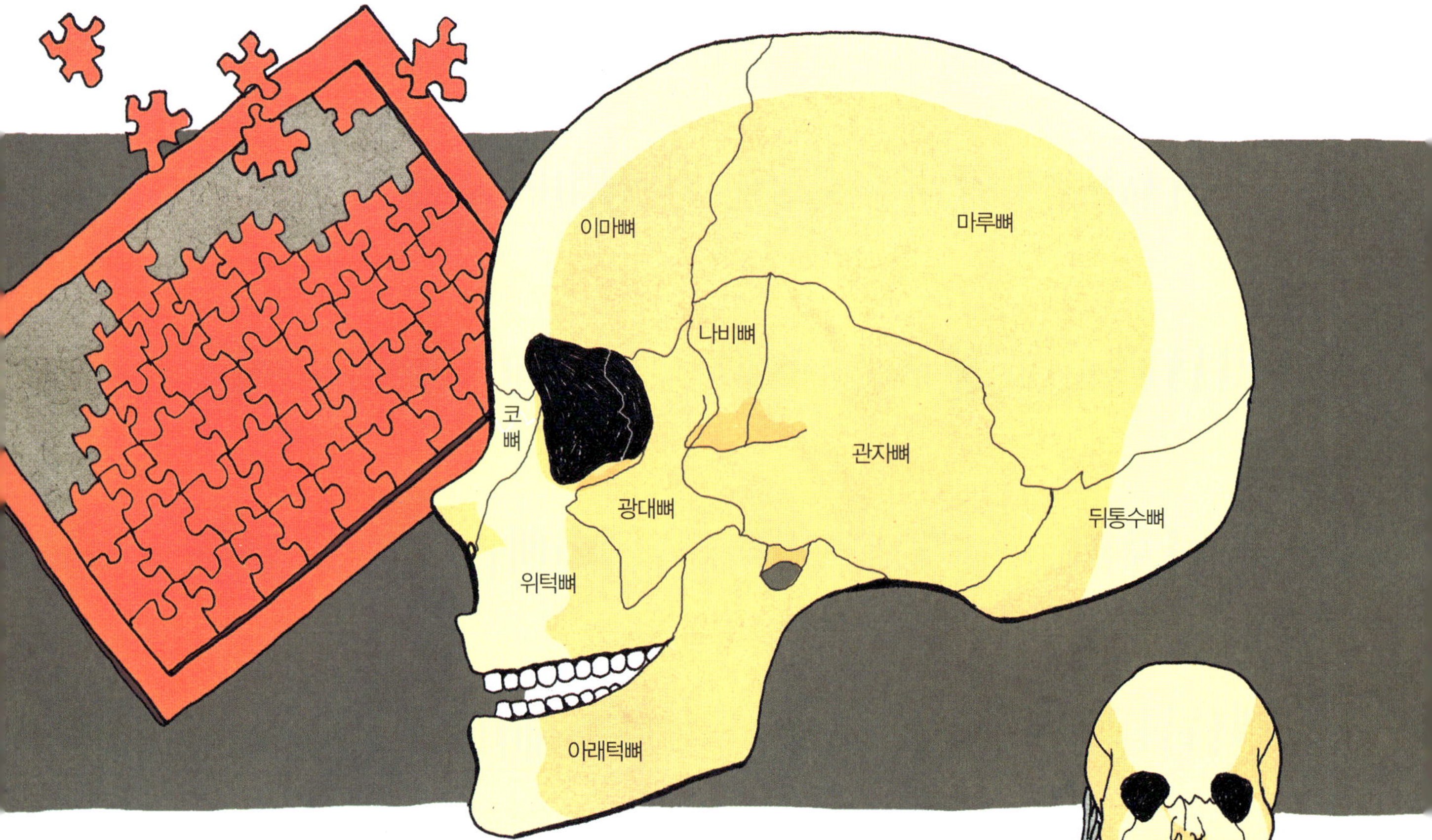

머리뼈는 여러 조각으로 나뉘어져 있어.
둥그런 머리 부분에 이마뼈 1개, 뒤통수뼈 1개, 마루뼈 2개, 관자뼈 2개,
안쪽에 나비뼈, 벌집뼈 이렇게 8개가 있고,
얼굴과 머리 안쪽에 작은 뼈들이 20개, 퍼즐 조각처럼 잘 맞춰져 있어.

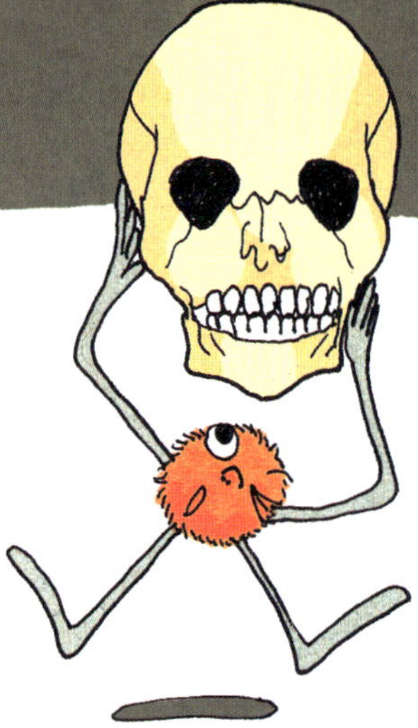

머리뼈 안쪽에는 뇌막이라는 것이 있어. 포장지처럼 뇌를 싸고 있지.

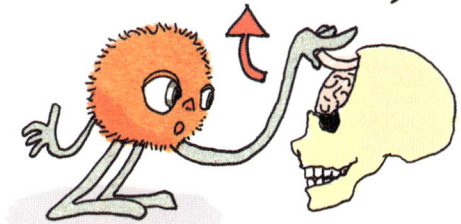
머리뼈와 뇌막을 들추면 드디어 뇌가 나와. 뇌를 좀 더 자세히 볼까?

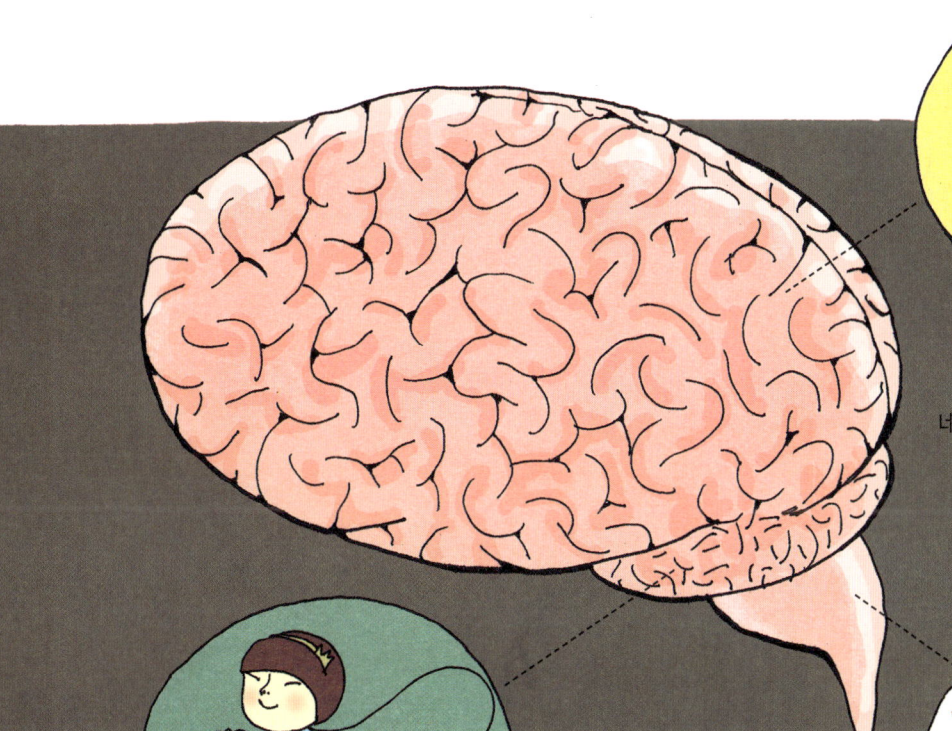

난 공주라고 해!

대뇌
뇌에서 대부분을 차지하고 있어. 네가 상상하고, 투덜대고, 웃고, 울고, 변덕을 부리고, 공주라고 생각하는 곳이 바로 여기야.

소뇌
네가 줄넘기를 잘하고, 도망가고, 자전거를 타고, 놀이터에서 놀 수 있는 건 소뇌 덕분이지.

뇌간
네가 자는 동안에도 심장이 뛰고, 숨을 쉬고, 체온이 유지되는 건 뇌간 덕분이야. 뇌간이 없으면 1분도 살 수 없어!

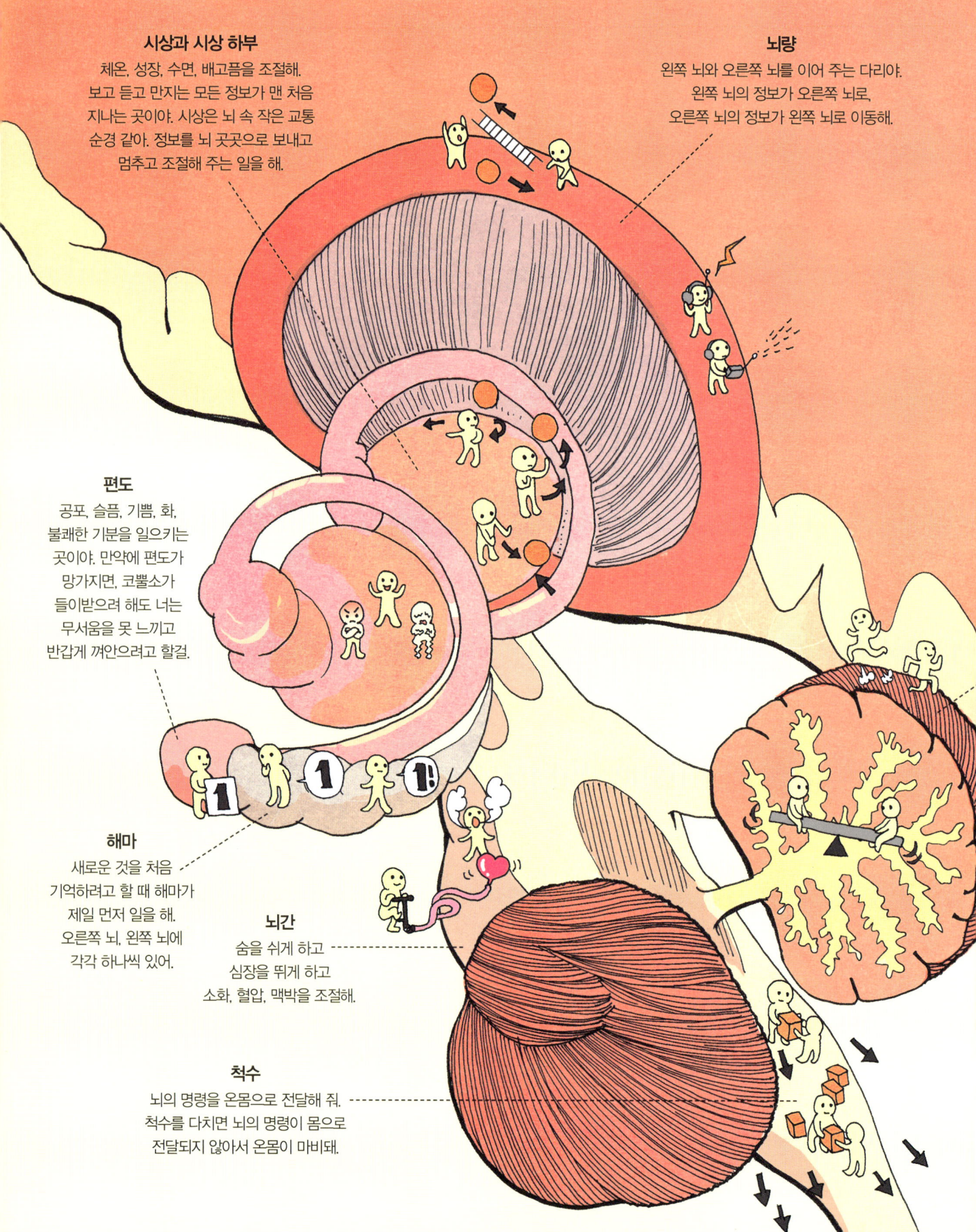

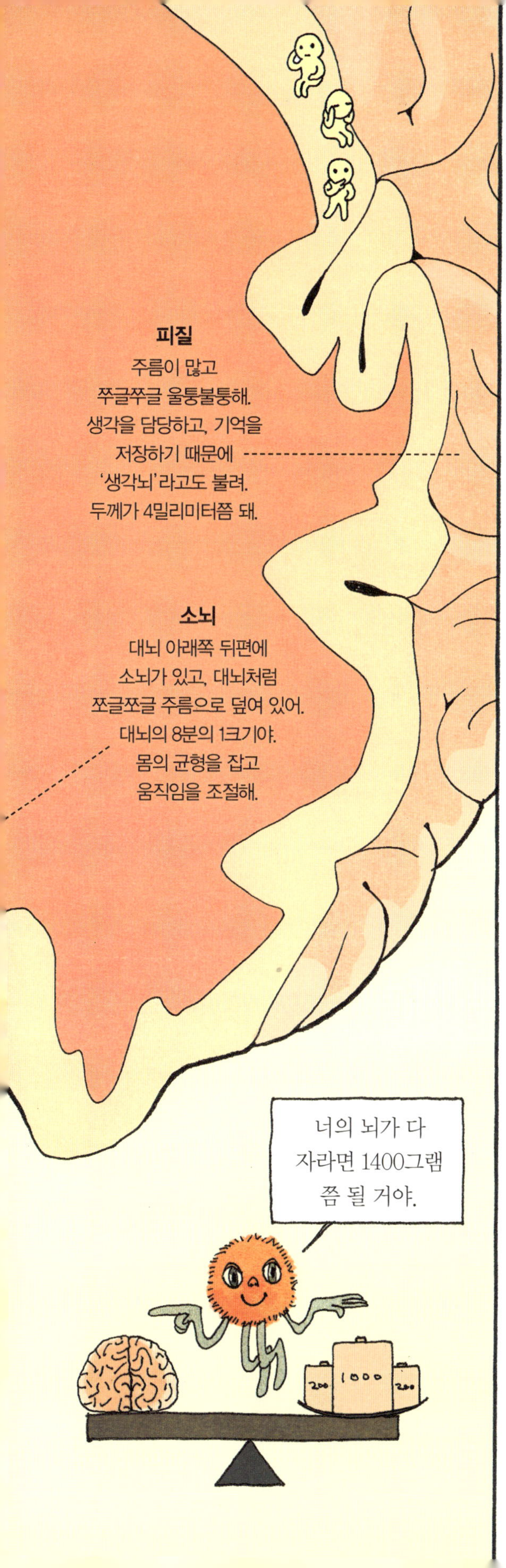

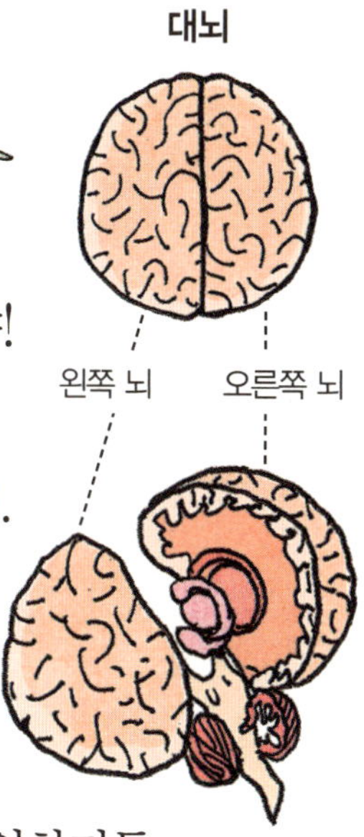

피질
주름이 많고
쭈글쭈글 울퉁불퉁해.
생각을 담당하고, 기억을
저장하기 때문에
'생각뇌'라고도 불려.
두께가 4밀리미터쯤 돼.

소뇌
대뇌 아래쪽 뒤편에
소뇌가 있고, 대뇌처럼
쪼글쪼글 주름으로 덮여 있어.
대뇌의 8분의 1크기야.
몸의 균형을 잡고
움직임을 조절해.

너의 뇌가 다
자라면 1400그램
쯤 될 거야.

대뇌

왼쪽 뇌   오른쪽 뇌

너의 뇌에서 제일 큰 부분이 대뇌야!
대뇌 가운데 깊은 고랑이 있고,
왼쪽 뇌와 오른쪽 뇌로 갈라져 있어.
하지만 왼쪽 뇌와 오른쪽 뇌는
따로따로 떨어진 게 아니야.
왼쪽 뇌와 오른쪽 뇌가 서로 돕고
정보를 주고받으면서 언제나 함께 일하거든.

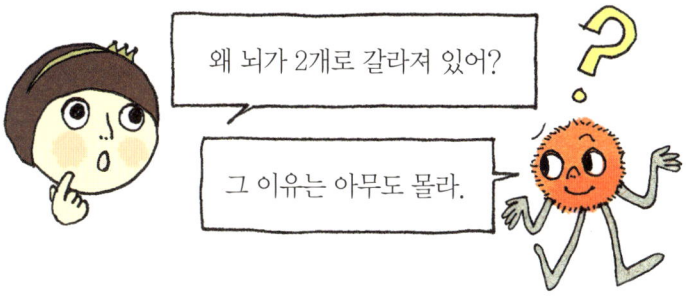

왜 뇌가 2개로 갈라져 있어?

그 이유는 아무도 몰라.

왼쪽 뇌는 오른쪽 눈과 팔, 다리, 손, 발에 명령을
내리고, 오른쪽 뇌는 왼쪽 몸에 명령을 내리지.
왼쪽 뇌는 주로 외우고, 계산하고, 말하는 일을
맡아 하고, 오른쪽 뇌는 음악을 연주하거나,
그림을 그리거나, 손으로 무언가를 만들거나,
즐거운 상상을 할 때 필요해.

무슨 색깔이야?

빨간색, 노란색, 보라색, 초록색!
고양이도 타고 있어.
망원경을 보면서 말이야.
바람 소리도 들리고, 구름도 만져져.
아주 폭신폭신해.

멋진데!
네 머릿속에 텔레비전이나
사진기가 있는 것도 아닌데
그런 걸 다 상상할 수 있다니.
정말 놀라워!

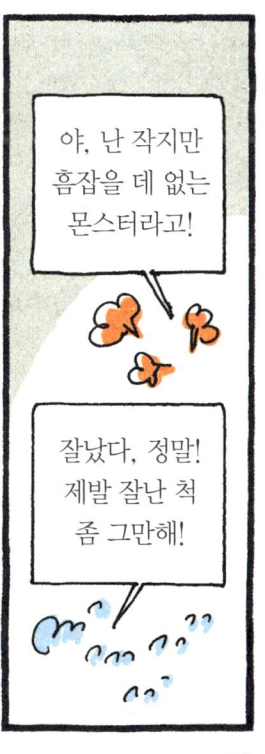

눈이 보는 게 아냐, 뇌가 보는 거야!

네 앞에 코끼리가 있다고 해 봐.
네가 코끼리를 보면 코끼리에서 튕겨 나온 빛이 너의 눈으로 들어오지.
그럼 안쪽, 망막이라는 곳에 코끼리의 모습이 찍혀.
꼭 사진기처럼 말이야.
하지만 아직 너는 눈앞에 코끼리가 있다는 걸 몰라.
망막에 있는 신경 세포들이
코끼리의 생김새를 뇌로 전해 주어야만
네가 알게 되는 거야.

마루엽
저것은 정말 거칠거칠하군.

코끼리

뒤통수엽
뚱뚱하고, 다리도
기둥처럼 튼튼해 보이는군.
저건 코야 뭐야? 길기도 하네.
얼굴 옆에는 수건처럼
펄럭거리는 것도
2개 있고.

관자엽
울음소리 한번
요란한걸.
꼭 트럼펫 소리
같잖아?

눈이 보는 게 아니라,
뇌가 보는 거라고?

그렇다니까!

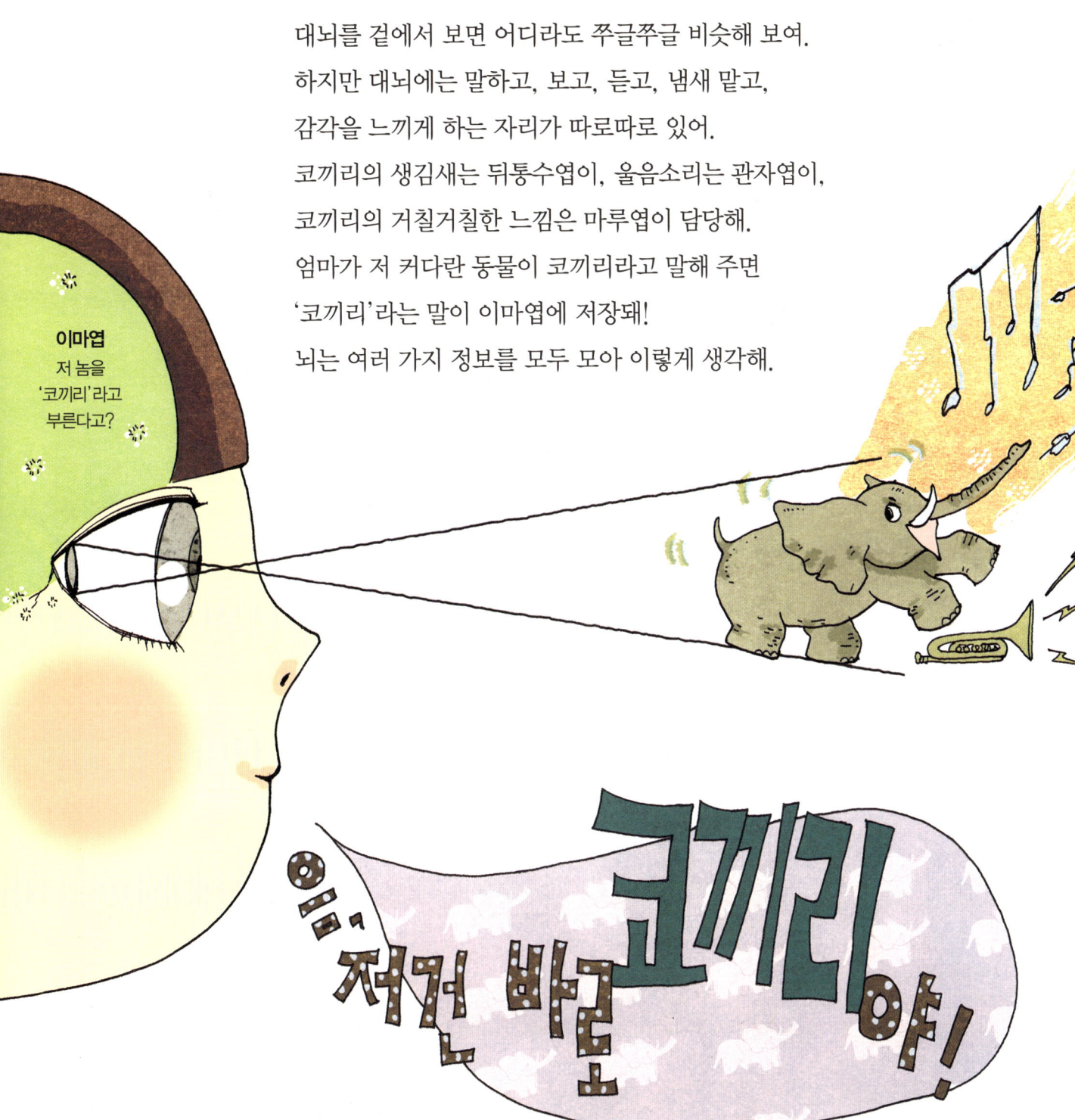

대뇌를 겉에서 보면 어디라도 쭈글쭈글 비슷해 보여.
하지만 대뇌에는 말하고, 보고, 듣고, 냄새 맡고,
감각을 느끼게 하는 자리가 따로따로 있어.
코끼리의 생김새는 뒤통수엽이, 울음소리는 관자엽이,
코끼리의 거칠거칠한 느낌은 마루엽이 담당해.
엄마가 저 커다란 동물이 코끼리라고 말해 주면
'코끼리'라는 말이 이마엽에 저장돼!
뇌는 여러 가지 정보를 모두 모아 이렇게 생각해.

이마엽
저 놈을 '코끼리'라고 부른다고?

아! 저건 바로 코끼리야!

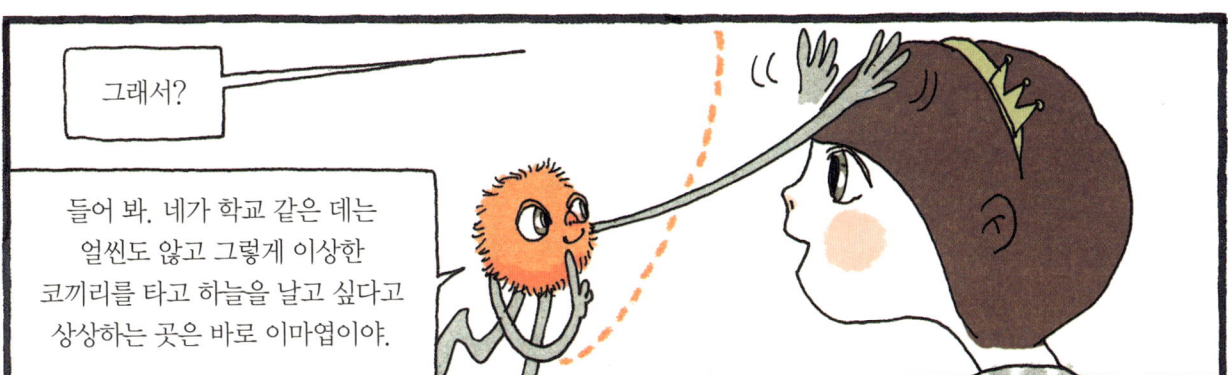

생각을 잘하게 해 주는 뇌

대뇌 겉쪽 피질을 뚫고 들어가면 하얗고 걸쭉한 백질이 나와.
백질 속에는 정보가 지나다니는 길들이 미로처럼 얽혀 있어.
이마엽, 관자엽, 마루엽, 뒤통수엽의 정보들이
이쪽저쪽 쉴새없이 휘리릭 지나다니는 길들이야.

네가 생각을 많이 하면 할수록 뇌 속에 새로운 길이 수없이 생겨나.

새로운 퍼즐을 맞추거나 동화책을 읽거나 무언가를 새로 배울 때 백질에서 복잡한 길이 새롭게 생겨나지.

뇌 속에 정말로 길이 생겨?

응, 뇌 속에서 신경 세포가 서로 길을 만들어.

아빠는 배불러 은행에서 엄청나게 중요한 자리에 있는 사람이어서 언제나 밤늦게 집에 돌아왔어요.

잠을 자야 뇌가 쉴 수 있거든.

가게 문을 닫으면 손님이 안 오지? 그래야 주인이 쉴 수 있지?

자, 이불 속에 폭 들어가 눈을 감아 봐. 오늘 너의 뇌는 정말 일을 많이 했어.

잠이 안 오는데?

오늘 너는 세상에서 가장 친절하고 재치있고 유쾌한 몬스터를 만났고

새로운 이야기도 많이 들었어.

그런 날은 더 많이 자야 해. 잠을 잘 자야 뇌가 잘 기억할 수 있거든.

뇌도 자는 거야?

아니, 네가 자는 동안 뇌가 아무 일도 안 하는 건 아니야.
자는 동안에도 편한 마음으로 몸을 위해서만 일을 하지.
네 키가 자라도록 해 주고, 아픈 세포를 치료하고,
몸 구석구석에서 죽은 세포들을 새 세포로 갈아 주고…….
잠자는 건, 먹고 놀고 공부하는 것만큼 중요해.
그러니까 사람들이 90살을 살면 그중에 30년을 자는 거야.
자는 게 진짜 중요하니까.

글 김성화, 권수진

어릴 때부터 친구예요. 같은 동네에 살고 같은 학교에 다녔어요. 생물학, 분자생물학을 공부하고
오랫동안 함께 과학책을 썼어요. 〈과학자와 놀자〉로 제6회 창비 좋은 어린이 책 상을 받았어요.
책의 첫 문장을 시작할 때마다 주문을 외워요. '어려운 것을 쉽게, 쉬운 것을 깊게, 깊은 것을 유쾌하게!'
이번에는 까다로운 뇌 이야기를 쉽고 깊게, 유쾌하게, 집집마다 있는 공주와 왕자 들에게 들려주고 싶었어요.
함께 쓴 책으로 〈고래는 왜 바다로 갔을까〉〈얘들아 정말 과학자가 되고 싶니?〉〈생태계가 뭐예요?〉
〈꼬물꼬물 세균대왕〉〈과학은 공식이 아니라 이야기란다〉〈고양이가 맨 처음 센티미터를 배우던 날〉
〈알들아, 자연사 박물관에 가자〉 등 여러 책이 있어요.

그림 나오미양

강아지나 고양이의 털결같이 부드러운 것을 좋아하고요. 관찰력과 기억력보다는 상상력을 통해 그림 그리는 것이
조금 더 재미있어요. 뇌 이야기를 그리며 몬스터와 함께 달려온 시간은 너무 설레고 신 나는 일이었어요.
앞으로는 호두를 먹거나 부드러운 것을 만지거나 할 때마다 몬스터가 생각나 웃음이 나올 것 같아요.
그린 책으로는 〈청소녀 백과사전〉〈성적표〉〈이 버스를 타지 마시오〉〈서커스 이야기〉 등 여러 책이 있어요.

몬스터과학

몬스터과학 1 공주의 뇌를 흔들어라 김성화, 권수진 글 | 나오미양 그림

몬스터과학 2 우주의 끝이 어디야? 함석진 글 | 강경수 그림

몬스터과학 3 두몽이, 유전의 비밀을 풀다 이은희 글 | 최미란 그림

〈몬스터과학〉 시리즈는 계속 출간됩니다.